Hitos de la historia de Estados Unidos

La fiebre del oro en California

Sabrina Crewe y
Michael V. Uschan

WORLD ALMANAC® LIBRARY

A Barbara Roark, extraordinaria bibliotecaria

Please visit our web site at: www.garethstevens.com
For a free color catalog describing World Almanac® Library's list of high-quality books
and multimedia programs, call 1-800-848-2928 (USA) or 1-800-387-3178 (Canada).
World Almanac® Library's fax: (414) 332-3567.

Library of Congress Cataloging-in-Publication Data available upon request from publisher.
Fax (414) 336-0157 for the attention of the Publishing Records Department.

ISBN-10: 0-8368-7466-8 — ISBN-13: 978-0-8368-7466-2 (lib. bdg.)
ISBN-10: 0-8368-7473-0 — ISBN-13: 978-0-8368-7473-0 (softcover)

This North American edition first published in 2007 by
World Almanac® Library
A Member of the WRC Media Family of Companies
330 West Olive Street, Suite 100
Milwaukee, WI 53212 USA

This edition copyright © 2007 by World Almanac® Library.

Produced by Discovery Books
Editor: Sabrina Crewe
Designer and page production: Sabine Beaupré
Photo researcher: Sabrina Crewe
Maps and diagrams: Stefan Chabluk
World Almanac® Library editorial direction: Mark J. Sachner
World Almanac® Library art direction: Tammy West
World Almanac® Library production: Jessica Morris and Robert Kraus

Spanish Edition produced by A+ Media, Inc.
Editorial Director: Julio Abreu
Editor: Adriana Rosado-Bonewitz
Translators: Bernardo Rivera, Luis Albores

Photo credits: Bancroft Library, University of California: p. 12; California History
Room, California State Library: p. 16; CORBIS: pp. 4, 5, 11, 13, 14, 17, 18, 21, 25,
26, 27; Little Bighorn Battlefield National Monument: p. 24; North Wind Picture
Archives: cover, pp. 6, 7, 9, 10, 15, 19, 20, 22, 23.

Printed in the United States of America

1 2 3 4 5 6 7 8 9 10 09 08 07 06

Contenido

Introducción

Este dibujo muestra a cazadores de oro viajando con urgencia para llegar a California. Caricaturas publicadas en diarios y revistas se burlaban de las personas con fiebre del oro.

Fiebre del oro

Durante toda la historia, las personas a menudo han deseado tener oro. Esta pasión por el oro, a veces conocida como "fiebre del oro", se extiende con rapidez y hace que las personas actúen como locas. Hace muchos años, la fiebre del oro hizo que algo importante pasara cuando se descubrió oro en California.

Descubrimiento en California

Antes de 1848, casi ningún estadounidense vivía en California. California no formaba parte de Estados Unidos. Pero cuando se encontró oro ahí en 1848, todo cambió. En apenas cuatro años, alrededor de 250,000 personas, en su mayor parte blancos, llegaron a California. Este período de buscar oro se conoce como la fiebre del oro.

Expansión hacia el oeste

La fiebre del oro en California duró hasta cerca de 1856. Después pasó hacia otras áreas del oeste, como Nevada, Utah y Colorado. Esas áreas también pronto quedaron colonizadas por estadounidenses de los estados del este. Esta **migración** se llama la **expansión** hacia el oeste. Se refiere a cómo los colonos blancos llegaron a habitar grandes áreas que pertenecían a los **amerindios**.

Un ataque de fiebre del oro

"Miré por un momento; una pasión se apoderó de mi alma... montones de oro se levantaron ante mí a cada paso; castillos de mármol, con sus ricos adornos; miles de esclavos, haciéndome reverencias, estuvieron entre las fantasías de mi excitada imaginación. En pocas palabras, tenía un muy violento ataque de la fiebre del oro".

James H. Carson de Monterey, California, recordando cómo se sintió cuando vio un saco de pepitas de oro, 1848

El valor del oro

El oro es valioso en parte porque es raro. También tiene un aspecto hermoso y es fácil de trabajar. El oro se puede martillar para formar láminas más delgadas que el papel, o usar para hacer joyas y monedas. Es brillante y no se oxida como algunos metales. El oro se ha usado con frecuencia como una unidad de dinero en circulación y como una medida del valor de otras cosas.

California bajo muchas banderas

Este cazador nativo es de la región de la Sierra Nevada, donde se descubrió oro en 1848.

Californianos nativos

Mucho antes de que la fiebre del oro llevara a muchos estadounidenses a California —de hecho, durante miles de años—el área era el hogar de amerindios. Probablemente había cerca de 300,000 viviendo ahí en más de 100 grupos. Sobrevivían de la caza y la recolección de alimento. Algunos vivían en regiones fértiles cerca del océano Pacífico y de alimentos del mar. Otros vivían en regiones desérticas o montañosas donde no había mucho que comer.

El imperio español

Al sur de California, durante los años 1500, España se apropió de grandes áreas de Centro y Sudamérica, tomándolas como parte del **imperio** español. Los gobernantes españoles vieron a los nativos y los **recursos naturales** de América como una fuente de riqueza. Enviaron personas a fundar **colonias** y forzar a los nativos a ser esclavos. España pudo explotar las colonias para su beneficio. Durante el proceso, millones de nativos murieron de enfermedades traídas desde Europa, o fueron matados por los colonos españoles.

El imperio español avanzó hacia California en 1769, cuando un sacerdote católico, Junípero Serra, llegó con un grupo de soldados. Serra estableció 21 **misiones** que fueron centros para agricultura y para construir ranchos. Muchos amerindios huyeron, pero los soldados forzaron a miles a trabajar como esclavos en las misiones.

Exterminio de los indios

Los europeos—y sus enfermedades—mataron a la mayoría de los nativos de California. Para la década de los 1840, después de unos 80 años de gobierno colonial, una población que había florecido durante miles de años se había reducido a la mitad. Para 1900, después de que miles de colonos habían llegado durante la migración que empezó por la fiebre del oro, menos de 16,000 amerindios vivían en California.

Los colonos españoles y mexicanos en California primero construyeron misiones y después grandes ranchos. Éste es un rancho de California durante los años 1800, antes de la llegada de personas de Estados Unidos.

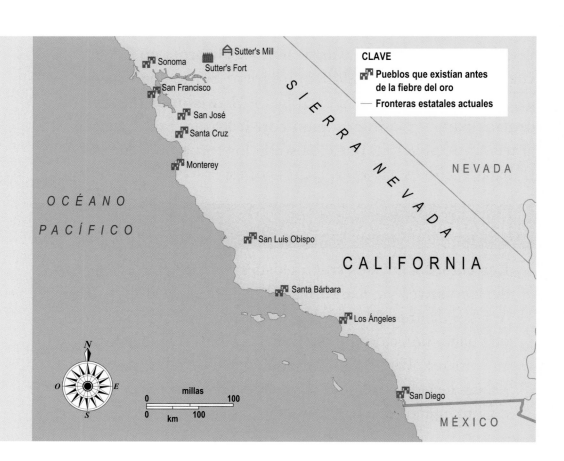

Antes de la fiebre del oro había muy pocos pueblos en California. Este mapa muestra dónde estaban. También muestra Sutter's Mill, donde se descubrió el oro.

Mapa:
- Sutter's Mill
- Sutter's Fort
- Sonoma
- San Francisco
- San José
- Santa Cruz
- Monterey
- San Luis Obispo
- Santa Bárbara
- Los Ángeles
- San Diego

OCÉANO PACÍFICO

SIERRA NEVADA

NEVADA

CALIFORNIA

MÉXICO

CLAVE
- Pueblos que existían antes de la fiebre del oro
- Fronteras estatales actuales

N O E S

millas
0 ____ 100
0 ____ 100
km

México y Estados Unidos

En 1821, personas que vivían en México se rebelaron contra los españoles. Ganaron su libertad y establecieron la **República** de México que incluía California. Durante los siguientes 25 años, California fue una **provincia** mexicana en lugar de una colonia española.

Pero al otro lado del continente, otra nación tenía los ojos puestos en California. La mayoría de los estadounidenses aún vivía en los 13 estados originales en la costa este, pero los colonos se estaban mudando hacia el oeste. Muchos creían que el destino de Estados Unidos era gobernar todo el continente desde el océano Atlántico hasta el Pacífico.

En 1845, Estados Unidos ofreció comprar California a México, pero México no quiso venderla. Las dos naciones ya estaban en conflicto por la posesión de Texas que había sido mexicana y ahora era estadounidense. Las cosas se estaban poniendo malas, y la guerra con México estalló en 1846.

Estados Unidos adquiere California

En esa época, 2,000 colonos vivían en California bajo el gobierno mexicano. El 10 de junio de 1846—después de que se enteró de la guerra con México—una banda de unos 30 estadounidenses usó su propia bandera y declaró que estaba fundando la República de California. La Rebelión de la Bandera del Oso no duró mucho. El 9 de julio de 1846 llegó la marina estadounidense y declaró que California pertenecía a Estados Unidos.

La guerra con México terminó en 1848 con el Tratado de Guadalupe Hidalgo, firmado el 2 de febrero. El tratado dio a Estados Unidos más de 525,000 millas cuadradas (1,360,000 kilómetros cuadrados) de tierra. Esto incluyó lo que en la actualidad son Utah, California y Nevada, y partes de Arizona, Nuevo México, Colorado y Wyoming. En 1850, California se convirtió en estado.

La Rebelión de la Bandera del Oso recibió su nombre por la imagen de un oso en la bandera de los rebeldes. Ese oso aún forma parte de la bandera de California.

El descubrimiento en Sutter's Mill

Sutter nombró Nueva Helvetia en honor a Helvetia, o Suiza, donde había vivido. Ahora, el lugar es Sacramento, capital de California.

Sutter's Mill

Uno de los primeros colonos en llegar a California de Estados Unidos fue Johann Augustus Sutter. En 1839, en un territorio que le concedió el gobierno mexicano, fundó New Helvetia, conocida localmente como Sutter's Fort. Se convirtió en un centro de comercio y poblado en la unión de los ríos American y Sacramento.

En agosto de 1847, Sutter y James Marshall, un carpintero, se unieron para construir un **aserradero**. Sutter's Mill, como se le llamó, estaba a 45 millas (72 kilómetros) al noreste del Sutter's Fort en el pequeño valle montañoso de Coloma.

Ésta es una réplica del aserradero construido por los hombres de Marshall en Coloma. La réplica está donde estaba el original, en lo que ahora es el Marshall Gold Discovery Historic Park.

En la mañana del 24 de enero de 1848, Marshall inspeccionó el nuevo aserradero. Al notar algo brillante en el río, Marshall recogió una piedrecita de color oro. "Oigan, muchachos", dijo Marshall a sus trabajadores, "por Dios, creo que encontré una mina de oro".

Marshall mostró a Sutter lo que había encontrado. Sutter reconoció que el oro podía hacerlo rico. La tierra donde estaba el aserradero no era suya, pero la **arrendó** —a cambio de ropa y comida— de los yalesummi que vivían ahí. Aun así, Sutter creyó que los derechos al oro serían suyos.

El sueño de Sutter

El sueño de Sutter de hacerse rico se convirtió en una pesadilla. Cuando se extendió el rumor del descubrimiento, muchos buscadores de oro llegaron a la tierra de Sutter, pisotearon sus campos, y dañaron sus construcciones. Sutter no se hizo rico al encontrar oro. Dijo, "Por este oro, mis grandes planes quedaron destruidos". En 1865, Sutter se fue a Pensilvania.

Algo brillante

"Era una mañana fría y transparente; nunca la olvidaré. Estaba dando mi caminata habitual [por el aserradero], cuando un objeto brillante atrajo mi vista.

... bajé la mano y lo recogí; hizo latir fuertemente mi corazón porque estaba seguro de que era oro. Tenía la forma, y cerca de la mitad del tamaño de un guisante".

James W. Marshall

Esta caricatura muestra a un esperanzado buscador de oro cargado con toda clase de artículos, incluso una olla en la cabeza.

La noticia se publica

En marzo de 1848, la noticia del descubrimiento se había extendido por toda California. Pero la mayoría de los californianos no estaba muy entusiasmada, porque ahí no se había encontrado mucho oro antes.

Esta actitud pronto cambió debido a Sam Brannan, un hombre de negocios de San Francisco. Compró palas, picos, **bateas**, y otras cosas necesarias para buscar oro. Después abrió una tienda. En mayo, Brannan corrió por las calles de San Francisco gritando, "¡Oro! ¡Oro! ¡Oro del río American!" Muchas personas se montaron a caballo y fueron a Sutter's Mill.

La fiebre del oro se extiende

San Francisco y otros pueblos de California quedaron desiertos de la noche a la mañana. Granjeros, comerciantes, e incluso doctores y párrocos se unieron a la loca carrera para ir a buscar oro. El pacífico y bello valle de Coloma se llenó de buscadores de oro. La búsqueda de riquezas pronto se extendió hacia el norte y el sur del valle. Los mineros encontraron oro en todas partes.

Para finales de 1848, de 8,000 a 10,000 personas estaban buscando oro, aún un número bastante pequeño. Eso pronto cambió. El gobernador militar de California, el coronel Richard Mason, envió un informe al gobierno estadounidense acerca del oro. La noticia empezó a extenderse, primero en Estados Unidos y después en todo el mundo.

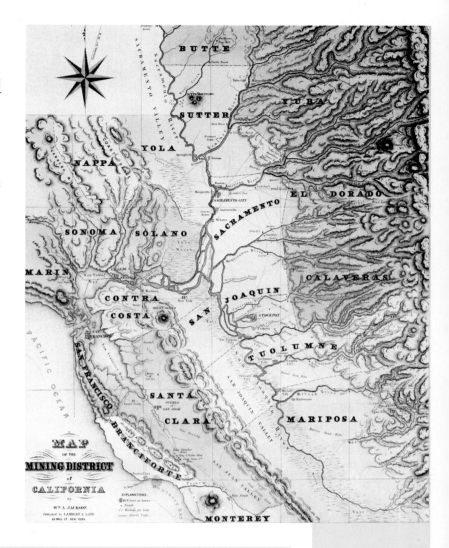

Este mapa de la región de minas de oro de California se dibujó en 1851.

Amplios depósitos

"El descubrimiento de estos grandes **depósitos** de oro ha cambiado por completo el panorama de Alta California. Todos sus habitantes, antes dedicados a cultivar sus pequeñas parcelas y cuidar de sus manadas de vacas y caballos, se han ido a las minas, o están en camino; trabajadores de todos los oficios han dejado sus bancos de trabajo, y los comerciantes sus tiendas; los marineros dejan sus barcos tan pronto como llegan a la costa".

Coronel Richard B. Mason, gobernador militar de California, en un reporte enviado a Washington, D.C., 17 de agosto de 1848

Los mineros del 49

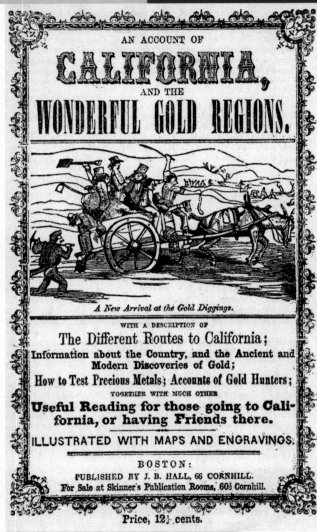

Esta guía para personas viajando hacia California muestra el método de uso más frecuente para viajar hacia el oeste. Los estadounidenses no tenían idea de qué esperar cuando salían hacia California; por eso guías como ésta eran útiles.

El presidente extiende el rumor

El 5 de diciembre de 1848, el presidente James K. Polk confirmó la presencia de oro en California. Las palabras de Polk aparecieron en los titulares en periódicos de toda Norteamérica y otros continentes. La fiebre del oro se convirtió en una terrible epidemia que pronto se extendió hacia todo el mundo.

Los mineros del 49

En 1849, llegaron cerca de 90,000 personas a California. Se conocieron a los buscadores de oro como los "forty-niners". Es difícil creer que tantas personas dejaran sus empleos para buscar oro. Pero, para la mayoría de ellos, la razón era simple: era una oportunidad para tener una vida mejor.

Clementina
"En una caverna, en una cañada,
Excavando una mina,
un minero residía con
su hija Clementina".

Letra de "Clementina", una canción de la era de la fiebre del oro

Cómo llegaron ahí

Antes de 1849, la mayoría de los estadounidenses no podría haber encontrado California en un mapa. Era un largo camino desde Estados Unidos, y no había ferrocarriles que conectaran ambas mitades del continente. En los siguientes años, miles morirían tratando de hacer el viaje al oeste.

La mayoría de los buscadores de oro eligió caminar o ir a caballo o en carromato. Para llegar a California, tenían que cruzar las Grandes Llanuras, un territorio muy extenso habitado por amerindios. Esta ruta tomaba seis meses.

Otros mineros viajaron por mar. Los barcos tardaban casi medio año en navegar cerca del extremo de Sudamérica hacia California desde el este de Estados Unidos. Los barcos iban llenos de gente, y las condiciones eran terribles.

Algunos mineros viajaron por mar a Panamá en Centroamérica. Desde ahí, cruzaron por tierra la selva densa y peligrosa para tomar un segundo barco que los transportara a California. Este viaje era más corto pero más caro.

Buscadores de oro esperanzados buscan aire fresco en la cubierta de un barco que se dirige a California. Debajo había cuartos oscuros donde dormía mucha gente.

Ver el elefante

Durante los años 1840, la mayoría de los estadounidenses nunca había visto un elefante. "Ver el elefante" se convirtió en una frase especial para quien hubiera visto cosas poco comunes. Los mineros que fueron a California tuvieron tantas aventuras y vieron tantas cosas extrañas que podían decir que habían "visto el elefante".

Los mineros

En 1848, más de la mitad de los trabajadores en las minas de oro eran esclavos indios forzados a trabajar para otros. Algunos amerindios extraían oro por su propia cuenta; sin embargo, dado que tenían pocos derechos y los blancos los consideraban inferiores, a muchos les robaron o arrebataron su oro con estafas.

Durante los primeros tres años de la fiebre del oro, la población afroamericana de California creció a más de 2,000 habitantes. Casi todos los mineros afroamericanos eran hombres libres. Aunque algunos fueron llevados a California como esclavos, muchos pudieron comprar su libertad con el oro que extrajeron.

Los dos mineros afroamericanos fotografiados en 1852, quizá hayan estado trabajando para poder comprar su libertad y dejar de ser esclavos.

Desde todas partes

Casi el 80 por ciento de los mineros del 49 venía de Estados Unidos, pero miles venían de más lejos, desde países en Europa y Asia. Uno de los grupos de mineros más grandes vino de China. Fue la primera vez que números grandes de asiáticos habían llegado a Norteamérica. Los **inmigrantes** chinos trabajaron duro, pero los blancos los discriminaron durante muchos decenios.

Al fin de los 1800, había una gran comunidad china en San Francisco. Ésta es una familia en Chinatown en 1904.

Mineras del 49

La fiebre del oro en California atrajo en su mayor parte a hombres. Sin embargo, las pocas mujeres que llegaron encontraron que podían ganar dinero al proporcionar servicios a los mineros. Cocinaron, lavaron ropa, y dirigieron muchos negocios pequeños.

Entonces y ahora

Las cantidades de dinero recibidas y gastadas durante la fiebre del oro parecen muy bajas hoy. Sin embargo, durante esa época, la mayoría de los trabajadores sólo ganaba algunos cientos de dólares por año, así que algo que costara sólo $10 en 1848 era caro. Para entender el valor del dinero entonces, hay que comparar lo que costaba algo en el pasado con lo que cuesta hoy. Una regla general es que un artículo comprado por $1 en 1848 costaría 20 veces más ($20 ahora). Se aplica una regla diferente al valor del oro, que vale 25 veces más de lo que valía entonces.

Una minera

"Me he convertido en una minera; es decir, si haber lavado una batea de tierra con mis propias manos, y obtenido de eso $3.25 en polvo de oro... me dará derecho al nombre. ... me mojé los pies, me desgarré el vestido, eché a perder un par de guantes nuevos, casi me congelé los dedos, sufrí un terrible dolor de cabeza, contraje un resfriado y perdí un valioso prendedor..."

Louisa Clapp, la esposa de un doctor en California, en una carta a su hermana en el este

Los años de la fiebre del oro

Capítulo 4

Durante la fiebre del oro, llegaban tantas personas que era difícil encontrar dónde hospedarse. El propietario de este corral para ovejas ganó dinero al alquilarlo como un hotel.

Crecimiento rápido de California

En 1848, cerca de 150,000 amerindios y 14,000 habitantes de sangre europea y mexicana, incluso unos 2,000 estadounidenses, vivían en California. Sin embargo, cuando se descubrió oro, la población de California aumentó rápidamente. Para finales de 1860, había crecido a 380,000.

Para 1849, Sacramento había crecido cerca de Sutter's Fort y tenía 12,000 residentes. El cambio más asombroso ocurrió en San Francisco, donde la riqueza de los campos con oro la convirtió en una de las principales ciudades del mundo. En 1847, San Francisco sólo tenía 450 residentes, y en 1848, quedó desierto cuando sus residentes se fueron a Sutter's Mill. Pero en 1849, tenía una población de más de 20,000 personas.

Los mineros levantaban tiendas fuera de los campos de minería centrales, cerca de dónde buscaban oro.

Aparecen campos de minería

Cientos de campos y ciudades se levantaron cerca de lugares donde se encontró oro. Tuvieron nombres extraños y pintorescos, como Poker Flat, Devil's Retreat, Mad Mule Gulch, y Poverty Hill. En estos campos, los negociantes y las mujeres pusieron tiendas, tabernas, lavanderías, restaurantes y hoteles. A menudo se establecieron en tiendas de campaña o en chozas de madera.

Los mineros que vivían cerca de los campos iban a comprar provisiones y a descansar de su trabajo. Su entretenimiento principal era beber alcohol y jugar juegos de azar. Los campos de minería eran lugares donde los jugadores, tramposos y ladrones intentaban robar el oro.

Rufianes con suaves manos

"Muchos carteristas, ladrones, y estafadores se mezclaron con los hombres que habían venido con intenciones honestas. Estos rufianes habían vivido de juegos de manos, y era evidente que no habían venido a California con anillos de oro en sus blancas y suaves manos con el propósito de usar el pico y la batea para lograr sus deseos. Asesinatos, y grandes robos pronto fueron frecuentes".

J. H. Carson, minero del 49

El derecho a un terreno

Cuando los buscadores de oro llegaron a California, primero tenían que apoderarse de un pedazo de tierra. Encontrar tierra que valiera la pena se hizo cada vez más difícil después de los primeros meses de la fiebre del oro porque los mejores lugares ya se habían tomado. Algunos de los primeros terrenos rendían $400 ($10,000 actuales) en oro en un día, al menos hasta que el oro se agotó.

Era difícil conseguir un buen lugar. Algunos trataban de robar **concesiones**. Esto se llamó arrebatar concesiones.

La vida de minero del 49

La mayoría de los mineros vivía en tiendas de campaña o chozas cerca de los campos. Sus condiciones de vida eran de pobreza y trabajo en extremo duro. En 1849, cerca de 10,000 personas murieron por enfermedades causadas por mal alojamiento, mala comida, y falta de medicina e higiene.

En 1849, los mineros encontraron oro por cerca de $40

Los campos de minería eran lugares rudos donde casi no había mujeres. Estos mineros bailaban unos con otros para entretenerse por las noches.

millones ($1,000 millones actuales). No obstante, la minería era difícil y a veces peligrosa. A medida que los campos con oro se llenaron de gente, se hizo cada vez más difícil ganar dinero. Asimismo, el oro se estaba agotando.

Cómo obtuvieron su oro

El oro que encontraban los mineros, si tenían suerte, estaba en lavaderos de oro, que son depósitos en la superficie del suelo en la grava y la arena. La forma más simple de minería es el lavado con batea. Los mineros llenaban con grava sus bateas, y dejaban que el agua la lavara. El oro se quedaba en el fondo de la batea mientras que el agua se llevaba la grava. El lavado con batea era lento; incluso un buen minero sólo podía procesar 100 bateas al día, que era una cantidad de grava muy pequeña. Pronto, los mineros empezaron a usar largos canales con coladores que podían procesar cantidades más grandes de grava con mayor rapidez.

La minería para extraer oro era un trabajo peligroso. Se empleaban mineros para que pasaran largos días en túneles oscuros, arrancando depósitos de oro de la roca.

Excavación a mayor profundidad

Después de los primeros años, miles de mineros habían agotado los depósitos de oro en la superficie de la tierra. Luego, la única manera de encontrar oro era excavar más profundamente. Esto significó excavar **pozos** profundos. La minería de pozos era cara, y sólo las compañías o las personas con grandes cantidades de dinero podían extraer oro de esta manera. Muchos mineros abandonaron California desanimados y sin dinero.

Precios altos

Sin embargo, la minería no era la única manera de hacerse rico. Hombres de negocios como Sam Brannan pudieron vender artículos a los mineros a precios muy altos porque lo que vendían era lo único disponible. Por ejemplo, Brannan compraba bateas a 20¢ ($4 actuales) y las vendía en los campos de minería en $8 a $16 ($160 a $320).

Al principio de la fiebre del oro, un pan que costaría 5¢ ($1 actual) en Nueva York se vendía a 75¢ ($15) en San Francisco. ¡Y una frazada costaba $40 ($800)!

Cómo ganar dinero

Había otras maneras de ganarse la vida durante los años de la fiebre del oro. Las personas trabajaban conduciendo carretas para llevar provisiones a los mineros. Los doctores y los dentistas atendían a las personas en los campamentos. Los herreros herraban los caballos y las mulas, y reparaban el equipo de minería. Personas de toda profesión imaginable, incluso cantantes y actores, pudieron mudarse a California y cobrar precios altos por su trabajo.

Arriba, la caricatura se burla de las personas en California durante la fiebre del oro. Muestra a los que estafaban a los mineros.

Los perdedores en la fiebre del oro

Aunque muchas se hicieron ricas durante la fiebre del oro, las personas que habían vivido más tiempo en California no lo hicieron. La fiebre del oro fue fatal para los amerindios. Esto se debió a que los colonos estadounidenses blancos mataron a miles de californianos nativos.

Estados Unidos había prometido respetar los derechos de propiedad de los mexicanos en California. Sin embargo, cuando miles de estadounidenses se concentraron ahí, los funcionarios quitaron cientos de ranchos a los mexicanos para dárselos a los colonos estadounidenses.

CAPÍTULO 5

La fiebre del oro avanza

Avance hacia otras áreas

Para 1854, la fiebre del oro en California estaba bajando. Pero, estadounidenses del este siguieron llegando al oeste. Junto con mineros del 49 que nunca se hicieron ricos, empezaron a **catear** en otros lugares.

Como resultado, estadounidenses blancos empezaron a colonizar grandes áreas, como las Grandes Llanuras que antes sólo habían sido habitadas por amerindios. Para los 1880, Estados Unidos había logrado dominar a todos los grupos nativos. La mayoría tuvo que quedarse en reservaciones, pequeñas áreas dentro de su tierra natal. Otros fueron enviados a otros lugares.

Cuando encontraron oro, los estadounidenses no respetaron los derechos de los nativos. Esta mina de oro en 1876 estaba en medio de territorio sioux en Dakota del Sur.

Grandes esperanzas

"Confieso, sin vergüenza, que esperaba encontrar masas de plata esparcidas por todo el terreno. Esperé verla brillando en el sol en las cumbres de las montañas. Estaba perfectamente satisfecho... porque iba a recoger, en un día o dos, o en una semana o dos, plata suficiente para ser rico".

Autor Mark Twain, escribiendo acerca de su fracaso en la búsqueda de plata en Nevada en 1861

Nuevos descubrimientos

El gran descubrimiento después de California fue en Colorado en 1858 cuando cerca del Pike's Peak se encontraron oro y plata. Fue el primero de muchos. Otros hallazgos se hicieron en Nevada, Arizona, Utah, y Montana.

El Klondike

El último descubrimiento notable de oro fue en 1896 en la región Klondike de Alaska. Estados Unidos le había comprado esta área a Rusia en 1867. A Estados Unidos le importaba poco Alaska. Pero, cuando se descubrió oro, llegaron miles de mineros. A pesar del mal clima, se formaron ciudades en Alaska y la población pequeña siguió creciendo. Alaska se convirtió en el estado número 49 en 1959.

Un número de 1898 del *Klondike News* anuncia grandes descubrimientos en Alaska. El Klondike fue el sitio de la última gran fiebre del oro.

Conclusión

La fiebre del oro aceleró mucho la colonización de California. También contribuyó a la rica y mixta cultura que es la herencia del estado. El descubrimiento de oro trajo consigo una importante influencia nueva: en la actualidad, comunidades asiáticas florecen en California y en otros lugares de Estados Unidos. California ahora se conoce como el "estado dorado". Es uno de los estados más ricos de Estados Unidos, y tiene cerca de 35 millones de residentes.

Sutter's Mill hoy

California aún celebra la era de la fiebre del oro. Las personas pueden visitar Sutter's Mill y ver una réplica del aserradero en el Marshall Gold Discovery State Historic Park en Coloma. Durante los primeros días de la fiebre del oro, Coloma era un pueblo minero ruidoso con más de 6,000 habitantes y más de una docena de hoteles. Hoy, Coloma es una comunidad pequeña y tranquila con unos 200 residentes.

¿Qué sucedió a los campos de minería?

De los 546 campos de minería que se empezaron durante la fiebre del oro, menos de la mitad aún existe. Algunos, como

Coloma, se convirtieron en pueblos. Sin embargo, en muchos casos, sólo sus nombres curiosos—como French Corral, Brandy Flat, y Rough and Ready—existen como recuerdos del pasado de California. Otros existen pero como pueblos fantasma.

Pueblos fantasma

Los pueblos fantasma son comunidades abandonadas donde las construcciones aún están en pie. En los años 1800, la población de una colonia minera podía crecer a varios miles durante algunos meses o años. Cuando se agotaban los depósitos de oro o plata, las personas se iban tan rápido como habían llegado. Por todo el oeste, hay pueblos fantasma de varios períodos de prosperidad. Algunos son ruinas, pero otros se han restaurado para que la gente pueda ver cómo eran durante su mejor época. A veces los pueblos fantasma tienen un número bajo de residentes. Algunos son descendientes de quiénes se quedaron después de que todos se habían ido.

El pueblo fantasma de Bodie, California.

Línea de tiempo

1769 Se establecen las primeras misiones de California.

1821 Se forma la República de México, y termina el gobierno español de California.

1839 Johann Augustus Sutter establece Sutter's Fort.

1845 Estados Unidos no logra comprar California a México.

1846 13 de mayo: Empieza la guerra con México.
10 de junio: Se declara una República de California independiente.
9 de julio: Estados Unidos toma California.

1848 24 de enero: James W. Marshall descubre oro en Sutter's Mill.
2 de febrero: Se firma el tratado de Guadalupe Hidalgo.
Termina la guerra con México.
California se convierte en un territorio estadounidense.
15 de marzo: El Californian publica el primer relato en periódico del descubrimiento de oro.
17 de agosto: El coronel Richard B. Mason publica un reporte sobre el descubrimiento de oro.
5 de diciembre: Mensaje del presidente Polk al Congreso que confirma el descubrimiento de grandes cantidades de oro.

1849 28 de febrero: Llega el primer barco cargado de buscadores de oro a San Francisco. Noventa mil personas llegan a California.

1850 California se convierte en el estado número 31.

1854 Sacramento se convierte en la capital de California.

1856 Fin de la fiebre del oro en California.

1858 Se descubren oro y plata en Colorado cerca del Pike's Peak.

1860 La población de California alcanza 380,000 habitantes.

1867 Estados Unidos compra Alaska a Rusia.

1896 Se descubre oro en la región de Klondike de Alaska.

1959 Alaska se convierte en el estado número 49.

Cosas para pensar y hacer

Viaje a California

En 1849, no había autos ni aviones, y ningún tren viajaba hasta California. En la página 15, lee acerca de cómo los mineros del 49 viajaron a California. Elige un tipo de transporte mencionado ahí, e investiga más acerca de él. Describe un viaje en 1849 a California en el oeste desde Estados Unidos en el este, por el medio de transporte que hayas elegido.

Vida en el campamento

Imagina que estás viviendo en un campo de minería de California. Podrías ser un minero, cocinero, doctor o músico; californiano o extranjero. Escribe una entrada de diario en la que describas un día típico en tu campamento. Describe todas las clases de personas que están ahí. Cuenta acerca de los problemas y de las cosas buenas que pasan.

Pueblo fantasma

Imagina que estás visitando un pueblo fantasma construido durante los días de la fiebre del oro. Escribe un párrafo acerca de algunas de las cosas que no se usan en la actualidad pero que podrías encontrar entre las ruinas. Ahora imagina que vives en el año 2150 y estás visitando un pueblo fantasma en el que no se ha vivido desde 2006, o durante unos 150 años. Escribe un párrafo acerca de lo que encuentras ahí, y describe cosas de uso diario que ya no se usan en tu tiempo.

Glosario

amerindios: habitantes nativos de las Américas.

arrendar: hacer un acuerdo para usar la propiedad de otra persona.

aserradero: aparato para aserrar troncos.

batea: recipiente para lavar minerales.

catear: explorar un área buscando recursos minerales, como oro.

colonia: asentamiento, área o país que es propiedad de otra nación.

concesión: el derecho a ser propietario de un terreno.

depósito: acumulación natural de una sustancia, como el oro.

expansión: crecimiento de tamaño o área.

imperio: poder político que controla un territorio grande que por lo general consta de colonias u otras naciones.

inmigrante: persona que va a vivir a un nuevo país o región.

manifiesto: obviamente verdadero y fácilmente reconocible. Cuando los estadounidenses usaron la frase "Destino Manifiesto", quisieron decir que era su destino ocupar el continente.

migración: movimiento de personas o animales de un lugar a otro.

misión: conjunto construido para establecer una colonia española y explotar el trabajo de los amerindios que vivían en California.

pozo: hoyo que desciende dentro de la tierra en un sitio minero.

provincia: distrito de una nación que en general tiene su capital y alguna forma de gobierno local, como un estado en Estados Unidos.

recursos naturales: materiales naturales—como madera, aceite y oro—que se pueden usar o vender, o cosas como un buen puerto o clima.

república: nación que no tiene gobernante no electo, sino que es gobernada por un líder o un grupo de oficiales elegidos por sus ciudadanos.

sello: estampa que lleva un símbolo oficial.

tratado: acuerdo hecho entre dos o más personas o grupos de personas.

Información adicional

Libros

Green, Carl R. *The California Trail to Gold* (In American History). Enslow, 2000.

Ingram, Scott. *California, the Golden State* (World Almanac Library of the States). World Almanac Library, 2002.

Kennedy, Teresa. *California* (From Sea to Shining Sea). Children's Press, 2001.

Press, Petra. *Indians of the Northwest: Traditions, History, Legends, and Life* (The Native Americans). Gareth Stevens, 2001.

Rau, Margaret. *The Wells Fargo Book of the Gold Rush*. Atheneum, 2001.

Sitios web

www.californiahistoricalsociety.org El sitio web de la California Historical Society tiene buena información sobre toda la historia de California, incluso la fiebre del oro.

www.library.ca.gov/goldrush La California State Library ofrece una excelente exposición en línea de todo acerca de la fiebre del oro, incluso imágenes y documentos originales.

www.parks.ca.gov/parkindex Índice del sitio web del California State Park que te llevará hacia páginas web acerca de los parques históricos estatales Marshall Gold Discovery y Sutter's Fort.

Dirección útil

Marshall Gold Discovery State Historic Park
310 Back Street
Coloma, CA 95613
Telephone: (530) 622-3470

Índice